Inhalt

Auswirkungen von Solvency II auf die Versicherungswirtschaft

Kernthesen

Beitrag

Fallbeispiele

Weiterführende Literatur

Impressum

Auswirkungen von Solvency II auf die Versicherungswirtschaft

G. Dengl

Kernthesen

- Im zukünftigen Modell zur Solvabilität von Versicherungsunternehmen zeichnet sich ein Wandel von der quantitativen zur qualitativen Aufsicht ab. Dies stärkt die Position der Aufsichtsbehörden.
- Der Kapitalbedarf von Versicherungsunternehmen wird sich zukünftig stärker am individuellen Risikoprofil bemessen. Bei steigendem Bedarf wird es attraktiver, die Rückversicherung stärker zu beanspruchen. Vor allem kleinere

Versicherungsunternehmen werden tendenziell höhere Kapitalbedarfe haben.
- Je nach Kapitalbedarf müssen Produkte und Geschäftsfelder daraufhin geprüft werden, ob sie auch unter den neuen Anforderungen noch profitabel sind.

Beitrag

Im Mai 2001 startete die Europäische Kommission mit dem Projekt "Solvency II". Ziel dieses Projektes ist es, einheitlich Rahmenbedingungen für die Beaufsichtigung von Versicherungsunternehmen zu schaffen, um für Versicherer und Versicherungsnehmer einheitliche Marktbedingungen zu schaffen, hauptsächlich um das bewußte Ausnutzen von Unterschieden in der Aufsicht in den Mitgliedstaaten zu vermeiden.
Die aufsichtsrechtlichen Kapitalanforderungen des Versicherungsunternehmens werden zukünftig auf der Gesamtsolvabilität des Unternehmens aufbauen. Diese neuen Mindestkapitalanforderungen werden in einem an Basel II angelehnten 3-Säulen-Ansatz durch aufsichtsrechtliche Überprüfungsverfahren und Marktdisziplinanforderungen ergänzt.
Der Zeitplan sieht vor, dass die Rahmenbedingungen nicht vor 2004 festgelegt werden, in Kraft treten sollen die neuen Solvenzregelungen ohnehin

frühestens 2007. Die Zeit bis dahin läßt man nicht ungenutzt verstreichen. In mehreren Ländern (darunter z.B. auch Deutschland und die Schweiz) will man schneller als die EU Instrumente entwickeln, und steckt schon jetzt mitten in der Fachdiskussion. (4)

Phase I abgeschlossen

In Phase I des Projektes wurden zunächst die grundsätzlichen Rahmenbedingungen für das künftige Versicherungsaufsichtssystem festgelegt. Daran anschließend wird die EU-Kommission diese Bedingungen in Phase II näher spezifizieren. (10) In der zweiten Phase sollen sowohl die jetzt gültige Richtlinie für Leben- als auch die für Nicht-Leben-Versicherungen um Vorschriften ergänzt werden, damit sie den neuen Anforderungen von Solvency II gerecht werden.

Drei Säulen

Angelehnt an den Ideen von Basel II zur Gestaltung eines einheitlichen Aufsichtsstandards für Kreditinstitute soll auch Solvency II auf drei Säulen aufgebaut sein:

1) Die ersten Säule stellt den quantitativen Aspekt der Aufsicht dar. Hier sollen die Regeln zur Bewertung der technischen Reserven, der Eigenkapitalausstattung und der Struktur der Veranlagung beschrieben werden.
Bei der geforderten Eigenkapitalausstattung wird zukünftig zwischen dem Minimum-Solvenzkapital (absolute minimum margin) als dem unteren Limit, und dem Ziel-Solvenzkapital (Target Capital) als der eigentlich anzustrebende Deckung unterschieden. Voraussetzung für ein einheitliches Aufsichtssystem sind harmonisierte Bewertungsmethoden mit vergleichbaren Darstellungen. Durch die enorme Produktvielfalt (vor allem in der Schaden/Unfall-Versicherung) und die dadurch bedingten unterschiedlichen Bewertungsansätze wird es notwendig sein, zunächst eine allgemein verwendbare Standardmethode zur Berechnung des Target Capital zu definieren. Neben dieser Standardmethode werden auch interne Modelle zugelassen bzw. deren Entwicklung und Einsatz gefördert. (10)
2) In der zweiten Säule sind qualitative Aufsichtsmerkmale verwirklicht. Hier werden die aufsichtsrechtlichen Ziele definiert, die aufsichtsrechtlichen Steuerungs- und Eingreifinstrumente definiert und die Zusammenarbeit der nationalen Aufsichtsbehörden

geregelt.
3) In der dritten Säule werden Angaben zur Veröffentlichung, Meldewesen und Marktdisziplin gemacht. Im Wesentlichen beinhaltet dies eine erweiterte Publizitätsvorschrift, damit die interessierte Öffentlichkeit die Risikolage des Versicherers, etwa über externe Ratings, besser einschätzen kann. (7)

Vor allem durch die Erweiterung um qualitative Merkmale wird die Position der Aufsichtsbehörden zukünftig gestärkt.

Bestimmung des Solvenzkapitals

Wesentliche Neuerung, was die quantitative Aufsicht betrifft, ist die Vorgabe eines Zielkapitals. Dessen Unterschreiten, abgestuft nach dem Grad des Verfehlens, löst aufsichtsrechtliche Maßnahmen aus. Das Target Capital soll dabei dem ökonomischen Kapital entsprechen, dass mit großer (noch zu definierender) Wahrscheinlichkeit ausreicht, um den Verpflichtungen aus den Versicherungsverträgen nachzukommen. Das Zielkapital soll sich nach der wahren Risikolage des Versicherers bemessen.
Als ein vielversprechender Ansatz wird derzeit die Anwendung eines Risk-based-Capital-Verfahrens zur

quantitativen Gesamtrisikobewertung und künftigen Solvabilitätsbestimmung diskutiert. Nach jetzigen Diskussionsstand sollen die wichtigsten Risikokategorien einzeln erfasst und mit value at risk-Methoden bewerten werden.
Die bisherige Solvenzregelung bezog sich lediglich auf die Versicherungstechnik (Beiträge und Schäden). Das neue Modell ist aufgrund der umfassenderen Risikodefinition (z.B. Darstellung des Kapitalmarktrisikos, Einbeziehung der Rückversicherung) um einiges komplexer, aber auch realitätsnäher.
Noch bevor ein allgemeingültiges Standardmodell der EU verabschiedet ist, ist klar, dass daneben auch interne Modelle des Versicherers zulässig sind, wenn sie u.a. das Zeichnungs-, Markt- und Kreditrisiko abbilden. (7)

Fallbeispiele

1) Swiss Solvency Test
Genau wie in Deutschland, so gibt es auch in der Schweiz Bestrebungen schneller Steuerungsinstrumente zu entwickeln als die EU. Der "Swiss-Solvency-Test" soll mit Solvency II kompatibel

sein und kennt genau wie dieser ebenfalls zwei Richtgrößen: die Minimalsolvenz und das Zielkapital. (2), (4)

2) Software für ausgefeilteres Risikomangement
Die Qualität der internen Risikomodelle könnte nach derzeitigen Stande der Diskussion direkte Auswirkungen auf die vorgeschriebene Kapitalausstattung haben.
Der Druck auf die Branche wächst, die mathematischen Methoden zu verfeinern. Dies zeigt sich vor allem in der Entwicklung Immer komplexerer aktuarieller Software, und in dem stärker werdenden Austausch zwischen Wissenschaft und Praxis. (8)

3) Verlängerung der Übergangsfrist für Umschichtung der Kapitalanlagen
Die Bundesregierung wollte mit den Änderungen im Versicherungsaufsichtsrecht einen großen Teil der freien Rückstellungen für Beitragsrückerstattungen (RfB) in die strengeren Kapitalanlagevorschriften für das gebundene Vermögen einbeziehen.
Durch das Verlängern der Übergangsfrist bis Ende 2008 hofft man nun, dass diese Vorschrift vor dem Hintergrund von Solvency II ohnehin erneut geprüft wird. (1)

4) Ceiops
Das entsprechende EU-Gremium zur

Versicherungsaufsicht (Ceiops) beginnt derzeit mit Beratungen über Solvency II. Der Sitz des Gremiums ist in Frankfurt, die Versicherungsabteilung der BaFin bleibt weiterhin in Bonn. (6)

Weiterführende Literatur

(1) Assekuranz muss Anlagen umschichten
Bundestag gibt Fristverlängerung bis Ende 2008
aus Börsen-Zeitung, 14.11.2003, Nummer 220, Seite 17

(2) BPV verschärft Aufsicht Solvenztests nach Fastkollaps der Assekuranz
aus Finanz und Wirtschaft, Seite 24

(3) Zurich-Chef James Schiro gegen neue Rechnungslegungsstandards Regeln machen der Assekuranz Sorgen
aus Finanz und Wirtschaft, Seite 21

(4) Moderne Schweizer Versicherungsaufsicht Marktnahe Bewertungen - Bau von Frühwarnsystemen
aus Neue Zürcher Zeitung, 07.11.2003, Nr. 259, S. 25

(5) IBM erwartet Fusionswelle in der Assekuranz Unternehmen warten auf politische Entscheidungen · Interview mit IBM-Versicherungsexperten Stefan Riedel
aus Financial Times Deutschland vom 20.01.2004,

Seite 16

(6) Finanzaufsicht warnt vor härterem Regime Ende des Haftungsausschlusses wäre Standortnachteil
aus Financial Times Deutschland vom 26.01.2004, Seite 21

(7) Neue Eigenkapitalvorschriften - Herausforderung für das Risikomanagement
aus Versicherungswirtschaft, 1.11.2003, 58.Jg., Nr. 21, S. 1736

(8) Rechnen und Risiko Das Versicherungsgeschäft wird komplizierter. Der Druck auf die Branche wächst, die mathematischen Methoden zu verfeinern
aus Financial Times Deutschland vom 18.12.2003, Seite 32

(9) Rückversicherer im Blickfeld der Aufsicht Zunehmende Bedeutung globaler Standards Von Rolf Nebel *
aus Neue Zürcher Zeitung, 08.01.2004, Nr. 5, S. 23

(10) Solvency II geht jetzt in die zweite Runde
aus Versicherungswirtschaft, 15.11.2003, 58.Jg., Nr. 22, S. 1798

Impressum

Auswirkungen von Solvency II auf die Versicherungswirtschaft

Bibliografische Information der deutschen Nationalbibliothek

Die Deutsche Nationalbibliothek verzeichnet diese Publikation in der deutschen Nationalbibliografie; detaillierte bibliografische Daten sind im Internet über http://dnb.d-nb.de abrufbar.

ISBN: 978-3-7379-0424-7

© 2015 GBI-Genios Deutsche Wirtschaftsdatenbank GmbH, Freischützstraße 96, 81927 München, www.genios.de

Alle Rechte vorbehalten. Dieses Werk ist einschließlich aller seiner Teile – z.B. Texte, Tabellen und Grafiken - urheberrechtlich geschützt. Jede Verwertung außerhalb der Grenzen des Urheberrechtsgesetzes bedarf der vorherigen Zustimmung des Verlags. Dies gilt insbesondere auch für auszugsweise Nachdrucke, fotomechanische Vervielfältigungen (Fotokopie/Mikroskopie), Übersetzungen, Auswertungen durch Datenbanken oder ähnliche Einrichtungen und die Einspeicherung und Verarbeitung in elektronischen Systemen.